LA ORGANIZACIÓN PARA LA COOPERACIÓN Y EL DESARROLLO ECONÓMICOS

La OCDE frente a los desafíos de la globalización

Por Ariane de Saeger

Traducido por Laura Bernal Martín

Economía y empresa 

LAS CLAVES PARA EL ÉXITO

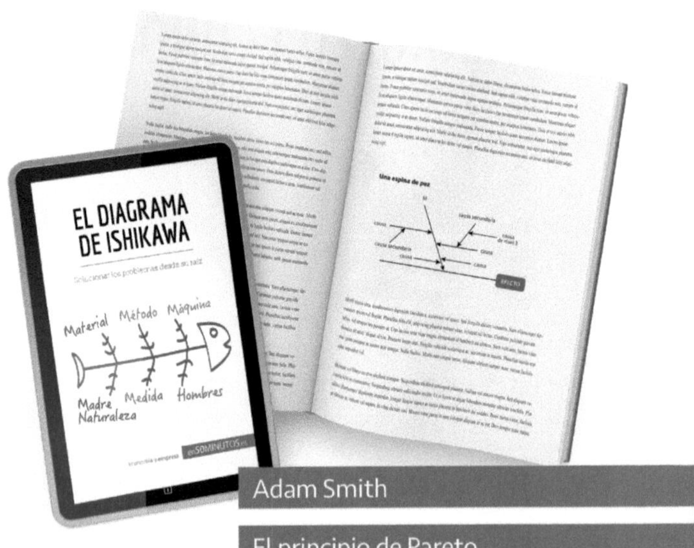

Adam Smith

El principio de Pareto

El estrés laboral

La pirámide de Maslow

www.en50minutos.es

LA OCDE

- **¿Creación?** La Organización para la Cooperación y el Desarrollo Económicos (OCDE) se crea en 1961 y sucede a la OECE (Organización Europea para la Cooperación Económica), instaurada tras la Segunda Guerra Mundial. En el momento de su fundación, el principal objetivo de la OCDE era aplicar el Plan Marshall adoptado por los Estados Unidos y que consistía en reconstruir Europa. Una vez cumplido este objetivo, se dibuja un nuevo desafío: mejorar el marco de los intercambios económicos entre los países miembros.
- **¿Acciones principales?** La principal misión de la OCDE, que cuenta con 34 países miembros, es promover a escala global mejores políticas sociales y económicas y, por ello, ofrece análisis transversales y recomendaciones que ayudan a los Gobiernos para privilegiar:
  - la restauración de la confianza en los mercados por parte de los Gobiernos, de las instituciones y de los bancos;
  - unas finanzas públicas sanas como base de toda economía sostenible;
  - el acceso universal a nuevas competencias y la adquisición de nuevas fuentes de crecimiento para garantizar la creación de estrategias innovadoras respetuosas con el medio ambiente, además de apoyar el desarrollo de los países emergentes.
- **¿Palabras clave?**
  - <u>Banco Mundial (BM)</u>: es una agencia de la Organización de las Naciones Unidas fundada en 1944 que compren-

de 187 países miembros y que hoy en día reagrupa cinco instituciones (<u>BIRF</u>, <u>AIF</u>, <u>IFC</u>, <u>MIGA</u> y <u>CIADI</u>). Su papel es prestar ayuda financiera a los países en vías de desarrollo en sectores como la educación, la sanidad, la agricultura y la industria.

- <u>Cooperación económica</u>: serie de políticas de concertación y de intercambio entre dos o varios países para favorecer su desarrollo económico.
- <u>Desarrollo</u>: en un sentido estrictamente económico, se trata de una mejora, de un progreso cualitativo y sostenible de una economía y de su funcionamiento. Actualmente, el término «desarrollo» suele verse desde una perspectiva más amplia: desarrollo humano, social, político, medioambiental, etc.
- <u>Desarrollo sostenible</u>: modo de desarrollo a través del cual se satisfacen plenamente las necesidades de las generaciones actuales y de las futuras. Los tres componentes interdependientes del desarrollo sostenible son las dimensiones medioambiental, social y económica.
- <u>Fondo Monetario Internacional (FMI)</u>: el FMI, fundado en 1944, es un organismo especializado de la ONU que se encarga de garantizar la estabilidad monetaria a escala internacional. En concreto, su función consiste en velar por la correcta implementación de políticas cambiarias y prestar divisas extranjeras (monedas) a los países que no pueden asumir el pago de sus importaciones. Con el paso del tiempo, se ha convertido en el «prestamista al que se acude como último recurso» para los países más pobres y más endeudados.
- <u>Gobernanza</u>: forma de gestionar y de administrar. En

este contexto concreto, hablaremos específicamente de gobernanza democrática, una noción que va más allá del marco tradicional de la acción pública para orientarse hacia nuevas formas de responsabilidad ciudadana. El Estado sigue siendo el actor central, pero no exclusivo.

- <u>Liberalización o privatización</u>: acción que reduce la intervención del Estado para permitir que los intercambios sean más libres. De esta forma, es posible liberalizar un sector o una economía completa. Por ejemplo, la liberalización del sector del agua significaría que este dejaría de estar gestionado por el Estado (o las instituciones públicas) para pasar a manos de empresas privadas.

- <u>Libre comercio</u>: esta doctrina, opuesta al proteccionismo, preconiza la supresión de toda barrera arancelaria y no arancelaria (derechos de aduana), así como de todos los elementos que obstaculicen los intercambios y las transacciones internacionales.

- <u>Mercado libre</u>: mercado en el que los vendedores y los compradores realizan intercambios libremente, determinando el precio y la cantidad que desean. A veces, las sucesivas crisis financieras y económicas han estallado por culpa de un mercado menos libre, conocido como «mercado regulado». Una economía de mercado es aquella en la que todos los intercambios carecen de regulación, el Estado no interviene y reinan la oferta y la demanda de los agentes económicos.

- <u>Organización de las Naciones Unidas (ONU)</u>: organismo internacional fundado en 1945 que reagrupa a la práctica totalidad de los países del mundo. Trabaja en pro de la paz global, y sus objetivos son ayudar y reforzar la cooperación en términos de derecho internacional, de seguridad internacional, de progreso social, de desarrollo económico y de derechos humanos.

- <u>Globalización</u>: desde un punto de vista económico, la globalización es el reflejo de una evolución de la integración planetaria de fenómenos económicos, ecológicos, financieros y culturales hacia un sistema económico y comercial unificado. Es decir, que hoy en día las economías están interrelacionadas y evolucionan en el marco de una economía «globalizada», mientras que antes evolucionaban separadamente (a escala nacional, regional o local).

La globalización, criticada por unos y defendida por otros, da mucho de qué hablar y se encuentra en el centro de los debates. Algunos consideran que impone los agregados económicos olvidándose de los países más débiles o suprimiendo todas las barreras comerciales para liberalizar el comercio en beneficio de algunos, pero de lo que no cabe duda es de que participa en los intercambios económicos y que a veces incluso logra que su rendimiento crezca exponencialmente. Sin embargo, al fin y al cabo, ¿realmente la globalización y los organismos que apoyan el libre comercio y una economía mundial integrada benefician a todo el mundo?

En vista de la crítica y preocupante situación que atraviesan muchos países, resulta primordial replantearnos lo establecido por nuestros antepasados. Para ello, vamos a sumergirnos en nuestro pasado común con el objetivo de comprender mejor la evolución de este contexto comercial y económico que entra en un proceso de liberalización al final de la Segunda Guerra Mundial y que continúa en la actualidad.

¿Por qué era en aquella época pertinente crear un organismo como la OCDE? ¿Qué papel desempeña en el seno de nuestra economía mundial y globalizada? Hoy en día, ¿sería posible salir adelante sin ella? ¿Qué evoluciones en términos de intercambios comerciales vislumbramos?

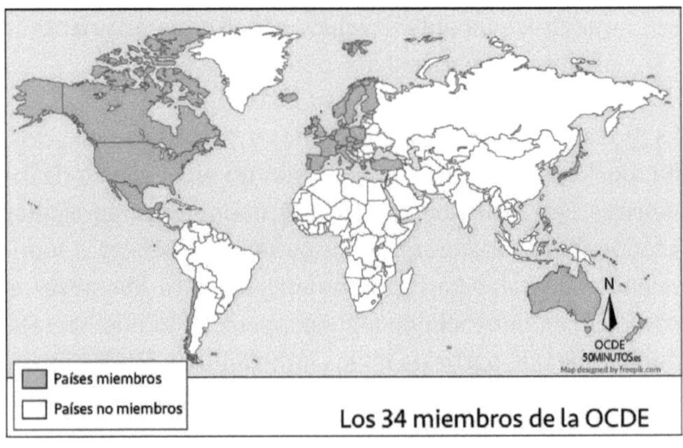

Alemania, Australia, Austria, Bélgica, Canadá, Chile, Corea del Sur, Dinamarca, España, Estonia, Estados Unidos, Finlandia, Francia, Grecia, Hungría, Irlanda, Islandia, Israel, Italia, Japón, Luxemburgo, México, Noruega, Nueva Zelanda, Países Bajos, Polonia, Portugal, República Checa, Reino Unido, Eslovaquia, Eslovenia, Suecia, Suiza y Turquía.

CONTEXTO

LA POSGUERRA Y LA RECUPERACIÓN ECONÓMICA

El Plan Marshall, la OECE y la OCDE

Después de la Segunda Guerra Mundial y con el objetivo de no repetir los errores cometidos en el pasado, las potencias europeas deciden favorecer una paz duradera basada en la cooperación y en la reconstrucción. Es así como se funda la OECE en 1948 para garantizar la correcta aplicación del Plan Marshall.

¿QUÉ ES EL PLAN MARSHALL?

El Plan Marshall, instaurado en 1948, es un proyecto de recuperación económica propuesto por el secretario de Estado estadounidense George C. Marshall (1880-1959) y financiado por los Estados Unidos bajo el mandato del presidente Harry S. Truman (1884-1972). El plan, cuya aplicación se deja en manos de la OECE, estaba previsto para extenderse a lo largo de cuatro años, tras los cuales los países europeos deberían haber recobrado una cierta estabilidad económica y financiera.

En vista del éxito de la OECE, los Estados Unidos y Canadá no tardan en manifestar su interés y firman la carta el 14 de diciembre de 1960, que desemboca en la creación de la Organización para la Cooperación y el Desarrollo

Económicos (OCDE) el 30 de septiembre del año siguiente. A continuación se sumarán a la institución otros países (Japón, Brasil, la India, etc.) y, en el plazo de 50 años, las iniciativas y los progresos sorprenden por lo prometedor de sus resultados. Por ejemplo, la riqueza nacional de los Estados Unidos se ha triplicado, mientras que otros países —que durante mucho tiempo desempeñaron un rol menor— se han convertido en actores determinantes de una economía futura duradera (principalmente China, la India, Brasil, Sudáfrica e Indonesia).

El libre comercio, base de las organizaciones internacionales de la posguerra

LA DIVISIÓN INTERNACIONAL DEL TRABAJO, LA BASE DEL LIBRE COMERCIO

¿Por qué habría que liberalizar el comercio internacional? Partamos de la hipótesis de que la riqueza de un país resulta de la división del trabajo entre sus habitantes.

La división del trabajo se corresponde con la distribución y la especialización del proceso de producción. Por ejemplo, si un individuo está especializado en la cosecha agrícola, a la comunidad (la región o el país) le convendrá que los demás se especialicen en otro ámbito. Aunque esta afirmación deba matizarse, lo cierto es que la división del trabajo ha sido una fuente de creación de riqueza incontestable.

Este principio de división del trabajo, que se aplica a nivel comunitario o nacional, también puede aplicarse a una dimensión internacional: a un país le interesa producir un bien u ofrecer un servicio que responda a una demanda determinada y, al mismo tiempo, beneficiarse de la producción específica de otro bien por parte de otro país. Es lo que se conoce como división internacional del trabajo. Esta puede estar limitada en cierta medida si algunos países ponen obstáculos (barreras arancelarias o no arancelarias). Aunque el mundo se liberaliza comercial y económicamente, muchos países (empresas, Gobiernos, etc.) realizan prácticas que van en contra de este libre comercio.

Sin lugar a dudas, la crisis de 1929 y la Segunda Guerra Mundial han llevado a que se cuestione el modo de funcionamiento internacional, con la necesidad de intercambios más consecuentes más allá de las fronteras como tema central de las conversaciones. En 1944, con los Acuerdos de Bretton Woods —firmados en los Estados Unidos y que agrupan a los representantes de 44 países— se crea un plan internacional de recuperación económica cuyos tres pilares fundamentales son:

- la inversión económica;
- la gestión financiera;
- la organización del comercio.

Los dos primeros se materializan con la creación del Banco Mundial y del FMI. En lo que se refiere al tercero, que pretende lograr la recuperación del empleo mediante un nuevo impulso de los intercambios y del comercio, a partir de ese momento debe ser un nuevo organismo el que tome las riendas: se trata de la Organización Mundial del Comercio (OMC).

Por desgracia, muchas negociaciones —que se deben en parte a las tensiones vinculadas con la Segunda Guerra Mundial y con la Guerra Fría— con las grandes potencias del comercio llevan a discrepancias tan importantes que el proyecto de creación de la OMC no se culmina. En su lugar, se firma un acuerdo provisional, el GATT, un sistema que se mantiene durante casi 47 años hasta la esperada creación de la OMC, que tiene lugar en 1994.

EL GATT

El Acuerdo General sobre Aranceles Aduaneros y Comercio, conocido por sus siglas en inglés «GATT» (General Agreement on Tariffs and Trade), es un acuerdo internacional firmado en 1947 que comprende un conjunto de tratados, reglamentos y directivas que pretenden fijar un marco común para establecer un comercio «de libre cambio» entre los distintos países del mundo. Su objetivo es reducir los derechos de aduana, negociar o suprimir todas las limitaciones (arancelarias y no arancelarias) y favorecer los intercambios internacionales. Sus principios fundamentales son:

- la estabilidad de los derechos de aduana;
- la eliminación general de las restricciones cuanti-

tativas al comercio internacional;
- la cláusula de la nación más favorecida (es decir, una ventaja que se le otorga a un miembro se convierte en una ventaja para todos los miembros);
- la cláusula del trato nacional (que consiste en establecer un mismo trato entre las naciones);
- el sistema de preferencias generalizadas (régimen en el que los países industrializados dan facilidades a los países menos industrializados; se trata de un tratamiento preferencial no recíproco);
- la ley del talión, ilustrada a la perfección en la expresión «ojo por ojo, diente por diente», y las sanciones.

La aparición de la OMC

La Organización Mundial del Comercio (OMC) o World Trade Organization (WTO) nace en 1995 como consecuencia de la Conferencia de Marrakech de 1994 para paliar las lagunas del GATT de la época. Esta organización internacional —la única que rige las reglas comerciales entre los distintos países— reagrupa a unos 161 países miembros y representa más del 95 % del comercio internacional.

Aunque la OMC está dirigida por sus Gobiernos miembros y a pesar de que son estos últimos los que ratifican las leyes o los tratados, no funcionaría sin el riguroso trabajo de su Secretaría, que coordina el conjunto de sus actividades, favorece el diálogo entre los miembros y garantiza la aplicación y el respeto de las normas comerciales.

Las misiones de la OMC son muchas y muy variadas:

- negociaciones comerciales;
- establecimiento y seguimiento de políticas comerciales adoptadas por los miembros de la OMC;
- solución de litigios y disputas;
- comunicación;
- refuerzo de las capacidades comerciales de los Gobiernos miembros que lo desean.

Además, la OMC y la OCDE cooperan activamente: mientras que la OMC se percibe como la institución de referencia, que regula el comercio internacional para garantizar una mayor coherencia y armonía a nivel global, la OCDE, por su parte, participa en términos de ayuda comercial y, más en concreto, a nivel del refuerzo de las capacidades comerciales.

LOS INICIOS DE LA GLOBALIZACIÓN

Aunque durante el período que sucede a la Segunda Guerra Mundial se intensifican las transformaciones en términos de intercambios económicos y comerciales, esto se hace en parte en detrimento del desarrollo económico de los países más pobres. Sin embargo, algunos países son la excepción que confirma la regla y han logrado obtener beneficios de esta situación.

- Por ejemplo, economías como la de Corea del Sur o la de Taiwán, gracias a una transferencia de tecnologías y capitales procedentes de los Estados Unidos y de Japón, han logrado implantar sus producciones en los países industrializados.

- Lo mismo sucede con los países exportadores de petróleo, que, por su parte, han reinvertido los beneficios de sus ventas en sectores de producción de países del Norte.

Sin embargo, estos éxitos logrados por los países del Sur en el proceso de globalización no reflejan su totalidad ni su complejidad.

La separación Norte-Sur

¿DE DÓNDE PROCEDE LA DENOMINACIÓN «PAÍS EN DESARROLLO» (PED)?

Las diferencias entre los países del «Norte» y los del «Sur» se acentúan a partir de inicios de los años setenta, y la denominación de los países pobres evoluciona con el paso del tiempo: al principio se conocen como «países en vías de desarrollo» (PVD), pero al final —a partir de 1980— acaba imponiéndose la denominación «países en desarrollo» (PED). Esta, que se refiere al desarrollo o al retraso económico e industrial, tiende a desarmar la visión pesimista y poco alentadora de «países subdesarrollados». Por último, la noción de PED está asociada con la de país del «Sur», en contraposición a los países desarrollados, llamados del «Norte».

Globalización, dependencia y evolución

Son varios los factores que han jugado a favor o en contra de una globalización por parte de todos los PED en relación con el resto del mundo.

- **Frenos**
  - La relación con la colonización: los antiguos países colonizados solo realizaban intercambios con la metrópoli que los dominaba y, de esta forma, desarrollaban una relativa dependencia comercial con la misma. Cuando se deshacen de su tutela, muchos países descolonizados no consiguen librarse del todo de una dependencia comercial que, con el paso del tiempo, se ha convertido en vital para su propio desarrollo económico.
  - La supremacía de las grandes potencias: los países industrializados comercian entre sí desde tiempos inmemoriales, y los países en desarrollo eran marginados y a menudo dependían de su relación con los países desarrollados.
- **Acelerador**
  - Un espectacular crecimiento: mientras que a principios

del siglo XX la cuota de los PED representa un cuarto del comercio mundial, durante la segunda mitad del siglo XX estos países se reafirman y se acercan al 40 % gracias al espectacular crecimiento de algunas regiones (especialmente en América Latina y en Asia), donde se produce una fuerte industrialización, una importante transición demográfica o una significativa mejora de las condiciones de vida).

La teoría del deterioro de los intercambios Norte-Sur o la triste consecuencia de la teoría de la dependencia

La teoría del comercio internacional tal como la desarrollan los economistas británicos Adam Smith (1723-1790) y David Ricardo (1772-1823) supone que:

- la renta de un país puede aumentar gracias a su comercio;
- a todos los países les interesa especializarse en la exportación de los productos sobre los que tienen una ventaja en términos de costes de producción (teoría de la ventaja comparativa);
- el comercio libre implica una división internacional del trabajo beneficiosa para todos (acceso a un mercado más amplio y más importante de producción de bienes gracias a más factores de producción);
- a largo plazo, el desarrollo técnico provoca una bajada de los precios de los productos industriales, lo que beneficia a los productores de materias primas.

En 1950, el economista argentino Raúl Prebisch (1901-1986) denuncia los efectos devastadores del libre comercio. En su opinión, las condiciones del comercio entre los países ricos y los pobres empeorarían en la práctica, lo que perjudicaría a los países más pobres. Hay muchas explicaciones para este deterioro de los intercambios, pero estas son las más importantes:

- los precios de los productos manufacturados e industriales siguen siendo elevados debido esencialmente a los monopolios que logran mantenerlos en este estado y a los sindicatos que permiten un aumento salarial gracias a un aumento en paralelo de los precios de los productos;
- las condiciones de comercio de materias primas empeoran, es decir, que los países en desarrollo importan menos productos manufacturados, ya que tienen más valor, y aumentan su exportación de materias primas, cuyo valor se desploma.

Las opiniones de Prebisch sobre esta cuestión se verán confirmadas a lo largo de la historia gracias a las crisis petrolíferas y a las caídas del precio de las materias primas. Su teoría se ve reforzada por argumentos factuales que justifican que la liberalización provoca un desequilibrio e incluso un deterioro de los intercambios comerciales.

El desequilibrio de los intercambios comerciales internacionales

Argumentos que demuestran que existe una presión cada vez mayor sobre los precios de los productos en el Norte, lo que impide el comercio entre los países del Sur y los países y regiones más poderosos del mundo	Argumentos que animan a una bajada de los precios de los productos del Sur
• La sindicalización y el empleo: en los años setenta, la fuerte sindicalización de los trabajadores unida a un pleno empleo permite garantizar un aumento de los salarios en los países ricos. Esta evolución positiva de los salarios genera a continuación un aumento del nivel de productividad y del precio de venta de los productos. • La innovación y la sofisticación: los países industrializados, que disponen de la tecnología más avanzada, comienzan a desarrollar productos sofisticados y, por consiguiente, más caros. • La oferta de bienes competitiva y, por lo tanto, el aumento del precio de algunos de ellos.	• La debilidad del producto: a menudo, los bienes exportados por los países del Sur son el resultado de un proceso de fabricación básico y poco elaborado. Su nivel de productividad relativamente alto no basta para enfrentarse a la competencia en este tipo de mercado (el de las materias primas). • La demanda de productos básicos disminuye progresivamente. El aumento de los salarios en los países del Norte mejora las condiciones de vida de la gente y, por tanto, permite que se hagan con productos sintéticos en lugar de las materias primas procedentes del Sur. • A menudo, el monopolio de las grandes empresas multinacionales pone en apuros a los pequeños productores, que no pueden permitirse rebajar sus precios debido al coste de producción.

A lo largo de las siguientes décadas, cada imprevisto de alcance internacional desmiente o, al contrario, confirma la teoría del deterioro de los intercambios comerciales Norte-Sur, puesto que las fluctuaciones de los precios de las materias primas varían al alza y a la baja en función del período. Por una parte, la creación de la OPEP (Organización de Países Exportadores de Petróleo), por ejemplo, no corrobora esta teoría ya que logra fluctuaciones menos variables por medio de un control de los precios. Por otro lado, las crisis petrolíferas de finales del siglo XX confirman la tesis: en 1973, tras una grave crisis internacional en Oriente Medio, el precio del barril de petróleo pasa de 3 a 10 dólares. Este aumento de los precios solo pudo ser posible gracias a la fuerte demanda de petróleo de los países industrializados. En este caso, el monopolio del petróleo por parte de algunos países (la OPEP) confirma la teoría de Prebisch que afirma que el mercado libre deteriora los intercambios comerciales en detrimento de los países más débiles.

¿Sabías que...?

La OPEP es una organización internacional que se crea en 1960 para coordinar, unificar y armonizar las políticas petrolíferas con el objetivo de proteger los intereses de los países miembros. Por ejemplo, coordina la producción para mantener una cierta estabilidad del precio del petróleo y evitar fluctuaciones a la baja.

La OPEP nace de una iniciativa de Venezuela y cuenta con doce miembros: los cinco países fundadores (Venezuela, Irán, Irak, Kuwait y Arabia Saudí) y, por orden de entrada, Qatar, Libia, la Federación de Emiratos Árabes Unidos, Argelia, Nigeria, Angola y Ecuador.

PAPEL Y MISIÓN

MISIÓN

La principal misión de la OCDE consiste en mejorar las condiciones de bienestar socioeconómico por todo el mundo mediante sus propuestas de establecimiento de políticas adaptadas. En concreto:

- ofrece a los Gobiernos un espacio para dialogar y compartir experiencias con el fin de tratar problemas comunes;
- trabaja con los Gobiernos para determinar los vectores del desarrollo económico, social y medioambiental, los tres pilares de un desarrollo sostenible para todos;
- mide la productividad y los intercambios comerciales internacionales en términos de inversiones y de comercio;
- analiza y compara datos y estadísticas para anticipar mejor las tendencias futuras y así reaccionar y actuar en consecuencia;
- establece normas en numerosos ámbitos (seguridad, productos químicos, fiscalidad, etc.);
- analiza los indicadores que pueden tener repercusiones directas en el bienestar de las personas (impuestos, coste de vida, etc.).

La OCDE no lograría cumplir su misión sin la colaboración de numerosos actores preocupados por el desarrollo mundial y el bienestar de todos. Este trabajo conjunto implica la participación de los Gobiernos, de las empresas (Comité Consultivo Empresario e Industrial de la OCDE), los sindicatos (Comisión Sindical Consultiva ante la OCDE) y la sociedad civil (Foro de la OCDE).

ÓRGANOS DE LA OCDE

El Consejo, los Comités y la Secretaría trabajan de forma transversal para garantizar el correcto funcionamiento de la institución y llevar las recomendaciones de la institución a todos los rincones del mundo.

Los órganos de la OCDE

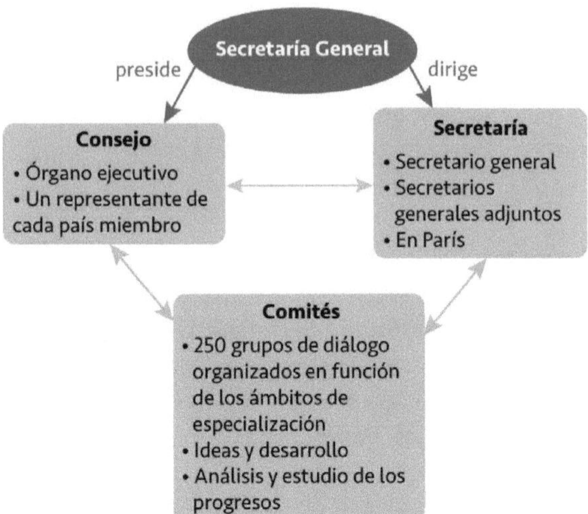

- **El Consejo** es el órgano ejecutivo de la OCDE. Se encarga de la supervisión y de la dirección estratégica global. Todos los países miembros, incluido un representante de la Comisión Europea, están representados a razón de una persona por nación: los delegados se reúnen con regularidad y adoptan de manera conjunta decisiones consensuadas bajo la batuta del secretario general que preside la asamblea.

- **Los 250 comités** de la OCDE se corresponden con «grupos de trabajo» formados por altos funcionarios procedentes de los 34 países miembros: debaten sobre ideas que pueden desarrollarse en un futuro y sobre los progresos realizados en ámbitos específicos.

- **La Secretaría**, con sede en París, está dirigida por el secretario general (elegido cada cinco años), que analiza con una serie de secretarios generales adjuntos las distintas proposiciones emitidas por los Comités.

José Ángel Gurría, 5.º secretario general de la OCDE

En el año 2006, José Ángel Gurría (economista y político mexicano, nacido en 1950) salta al frente de la escena internacional al ser elegido secretario general de la OCDE después de haber encadenado la función de ministro de Asuntos Exteriores (1994-1998) con la de ministro de Finanzas (1998-2000). Célebre por haber logrado establecer mecanismos económicos que salvan la economía mexicana (6,7 % de crecimiento positivo durante su mandato como ministro de Finanzas), Gurría demuestra en numerosas ocasiones sus dotes de negociador y de promotor de un diálogo entre los actores americanos y mundiales sobre asuntos y retos internacionales.

Gurría, que ya había establecido en calidad de ministro estrechas relaciones con la OCDE, desde la adhesión de México hasta la presidencia del Consejo en 1999, sucede a Donald J. Johnston (abogado y diputado federal de Quebec, nacido en 1936) y se convierte en el quinto secretario general de la OCDE. En mayo de 2015 se renueva su mandato por tercera vez consecutiva. Su trayectoria está marcada por la excelencia, el dinamismo y el liderazgo.

MEDIOS FINANCIEROS

El presupuesto de la OCDE para el año 2014 se eleva a los 357 millones de euros. El organismo está completamente financiado por sus países miembros y la contribución nacional depende del tamaño de la economía de cada uno. Los Estados Unidos aportan en solitario casi el 22 % del total, por lo que son los mayores donantes de la OCDE, muy lejos del resto de países. Japón, con un 12,86 %, se sitúa en segundo puesto, mientras que Francia se encuentra en el cuarto (5,73 %) y Bélgica en el puesto número quince (1,52 %).

Al mismo tiempo, los países miembros pueden apoyar los resultados de programas establecidos por la OCDE. El organismo, al contrario de lo que ocurre con el BM y el FMI, no concede préstamos ni financiación.

LAS ACCIONES DE LA OCDE

La OCDE analiza los datos y los transforma en políticas.

Las acciones de la OCDE

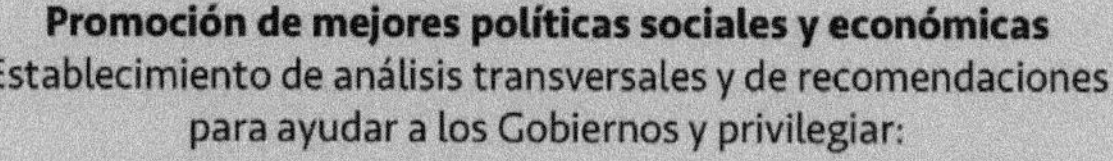

Forma de proceder

1. Recopilación de todos los datos factuales posibles para poder evaluar la situación económica de manera global y así identificar los progresos realizados.
2. Análisis de los datos para detectar futuros desafíos y emitir previsiones a corto y medio plazo.
3. Debate entre los miembros de la OCDE para plantear todos los escenarios posibles e incluso, si es necesario,

iniciar negociaciones. Cada órgano de la OCDE participa a su nivel en la elaboración de recomendaciones que transmitir a los Gobiernos.

4. Toma de decisiones por parte del Consejo de la OCDE para comenzar a implementar la mejor de las soluciones planteadas con anterioridad.

5. Puesta en marcha efectiva de dicha solución por los Gobiernos (de manera individual o no) mediante un plan de acción —normas, políticas o acuerdos que benefician el crecimiento económico, la estabilidad financiera y la reducción de la pobreza—.

6. Revisión paritaria mediante un sistema de supervisión multilateral (intergubernamental o por medio de comités especializados) para reforzar el control y la transparencia. Por ejemplo, el grupo de trabajo sobre la corrupción se encarga de luchar contra la corrupción de los agentes públicos extranjeros a nivel de las transacciones internacionales.

TRABAJO EN COLABORACIÓN CON EL G20

La crisis financiera del 2008 permite entender el papel concreto que desempeña la OCDE. Este difícil período que en efecto llevó a la quiebra de muchos bancos importantes se convierte finalmente en una crisis de la deuda de ciertos Estados, y más tarde en el desplome generalizado de nuestra economía. Si podemos preguntarnos sobre la pertinencia de mantener el sistema económico globalizado actual, ¿cómo comprender las intervenciones de los organismos internacionales que buscan preservar un cierto equilibrio económico?

Con la crisis global de 2008 se hace evidente que las organizaciones mundiales especializadas deben trabajar juntas para responder a los desafíos globales. Siguiendo esta lógica, el G20 recurre en la época a la OCDE (entre otras instituciones especializadas), que realiza trabajos de colecta y análisis de datos cuya calidad permitiría encontrar una respuesta común y bien meditada a la crisis planetaria.

LA CONSTRUCCIÓN DEL G20

El grupo de los 20 (G20) se crea en 1999 como respuesta a las crisis financieras vividas por los países emergentes (Brasil, China, la India y Rusia, es decir, los BRIC) en el transcurso de los años noventa: su constitución resulta de una necesidad de instaurar un diálogo internacional en el que deben participar los distintos representantes de los Gobiernos y los jefes de Estado de todo el mundo (economías desarrolladas, en vías de desarrollo o emergentes). Es necesario debatir sobre asuntos globales recurrentes, como el aumento de los precios, la pensión, el empleo, etc.

Aunque su objetivo inicial era favorecer la concertación internacional sobre temas económicos, a partir del año 2008 el G20 se transforma en una instancia de control económico. Para que sus trabajos y análisis tengan éxito, se apoya sobre todo en la pericia del BM, del FMI, de la OCDE y de la OMC.

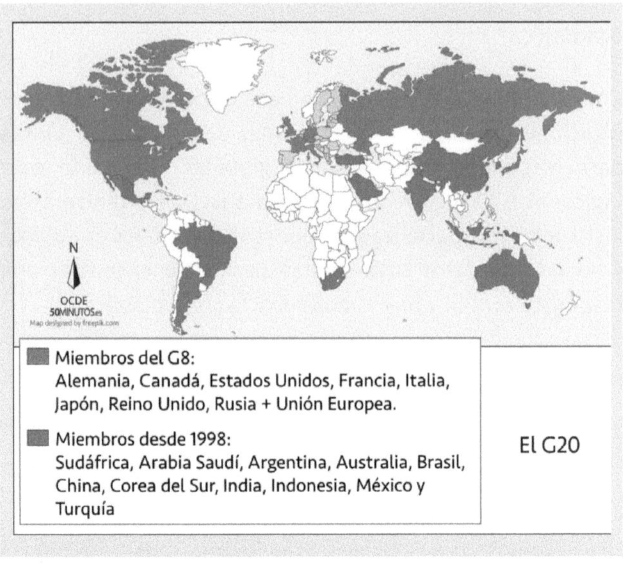

Desde que se produce esta fructuosa colaboración, la OCDE interviene activa y regularmente en los asuntos que trata el G20: recoge datos, proporciona análisis, emite recomendaciones, etc. Con más de 50 años de experiencia, la OCDE ofrece un espacio adecuado para la reflexión y para el establecimiento de políticas que responden a las crisis y a las incertidumbres internacionales.

En su trabajo conjunto con el G20 y en colaboración con la OIT (Organización Internacional del Trabajo), la OCDE se centra sobre todo en la problemática del empleo. En este sentido, tanto esta última como la OIT han llevado a cabo análisis específicos sobre el tema, han elaborado informes y han propuesto recomendaciones. Entre otras cosas, tratan el tema de la accesibilidad al trabajo para todos, la estimulación de las pymes y la educación y la formación como vectores de acceso al empleo.

La OCDE y el G20 también trabajan juntos en otros ámbitos para impulsar la economía y darle un nuevo impulso (lucha contra los paraísos fiscales y aumento de los productos alimentarios y de la energía, políticas de protección financiera de los consumidores, etc.).

REPERCUSIONES

LA OCDE EN EL MUNDO

Desde hace una decena de años, la influencia de la OCDE se ha transformado profundamente bajo el impulso de su secretario general y gracias a sus acciones concretas.

Los últimos años de la OCDE pueden resumirse en siete puntos:

- ayuda a los países miembros para que sus programas de reformas progresen;
- lucha por la construcción de una economía mundial más justa, más fuerte y más sana;
- se ha convertido en el organismo principal de reflexión sobre las políticas que hay que llevar a cabo;
- actúa como centro de operaciones en lo que se refiere a la emisión de normas sobre corrupción, responsabilidad social de las empresas, fiscalidad, etc. Por ejemplo, el G20 y la OCDE han logrado juntos acabar con el secreto bancario;
- logra que progresen los trabajos sobre la transparencia;
- se centra en nuevas zonas geográficas para adquirir nuevos miembros y aumenta las colaboraciones con otras organizaciones internacionales;
- sirve como ejemplo de gobernanza mundial.

BÉLGICA

Cuando se presenta el momento de hacer balance de las acciones llevadas a cabo por la OCDE y de su impacto concreto en todo el mundo, las opiniones son variadas. Para dar cuenta del trabajo que lleva a cabo el organismo —tanto a nivel microeconómico como macroeconómico—, vamos a interesarnos por el contexto socioeconómico belga y por su relación con el resto del mundo.

Un estudio de Petercam (grupo financiero belga) clasifica a los 34 países miembros de la OCDE en base a cinco criterios: transparencia y valores democráticos, distribución de la riqueza y de la atención médica, educación, medio ambiente y economía. Aunque Bélgica no es un mal alumno y se coloca en el puesto número quince —ocupaba el número trece en 2013—, sigue siendo necesario un esfuerzo suplementario, sobre todo en lo relativo al empleo de jóvenes y migrantes, a las emisiones de CO_2 y al escaso uso de las energías renovables, así como a la ausencia de desendeudamiento del sector privado (en comparación con sus vecinos).

Bélgica según la OCDE: «por el buen camino, pero...»

Las principales conclusiones del informe de 2015 emitido por la OCDE sobre la situación económica belga reflejan resultados globales aún poco satisfactorios: efectivamente, observamos una recuperación del crecimiento y de la competitividad externa, a pesar de una reducción del déficit presupuestario y de medidas que tienen como objetivo el bienestar general. La OCDE subraya un crecimiento a largo plazo ralentizado por la débil tasa de empleo y por la erosión de la competitividad de los costes en un momento en el que la deuda pública sigue siendo elevada. Además, la inserción socioprofesional de los inmigrantes (en cuanto a empleo y condiciones de alojamiento) sigue despertando preocupación. La recogida de datos referida a la situación belga, así como los análisis derivados y las distintas discusiones y negociaciones han desembocado en tres recomendaciones, para las cuales la OCDE ha presentado propuestas de reforma:

- garantizar la viabilidad presupuestaria al tiempo que se impulsa el empleo y la competitividad;
- mejorar la inserción de los inmigrantes en el mercado de empleo;
- preservar la eficacia y la igualdad en el mercado inmobiliario.

Clasificación de Bélgica con respecto a sus vecinos

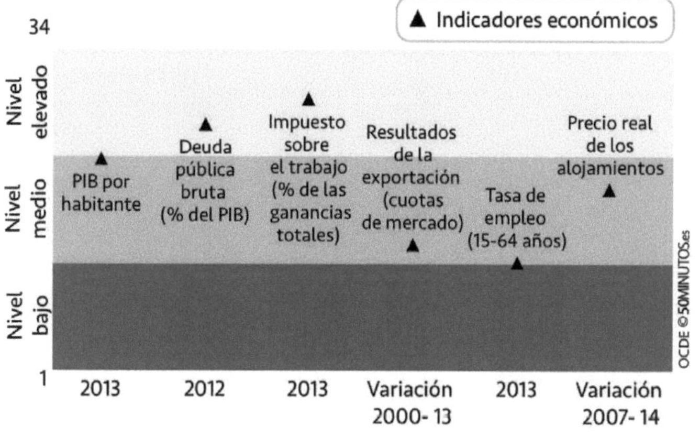

Fuente: OCDE (2014), *Base de données* OECD. Stat.[1]

La preocupante desigualdad de ingresos

La OCDE también revela que el nivel de desigualdad económica entre los más ricos y los más pobres nunca ha sido tan grande en los últimos 30 años. Aunque Bélgica se posiciona tras Dinamarca con un coeficiente de Gini de 0,27 en 2013 contra el 0,28 de 2007, las diferencias a mayor escala demuestran que el 10 % más rico posee un 9,6 más de riquezas (ingresos) que el 10 % de los más pobres.

---

1. Traducido por 50Minutos.es

Desigualdades económicas: posicionamiento de los países de la OCDE

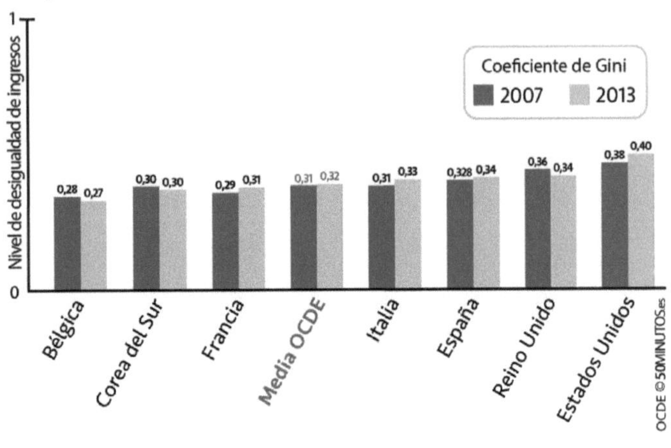

Fuente: OCDE[2]

¿Qué es el coeficiente de Gini?

El coeficiente de Gini es un indicador que mide el nivel de desigualdad de riqueza (ingresos, nivel de vida, etc.). Varía entre el 0 y el 1; el 0 corresponde a una situación de igualdad total y el 1 representa un nivel de desigualdad absoluta. Entre el 0 y 1, la desigualdad es mayor a medida que el índice crece.

Aunque estas desigualdades afectan a la cohesión social global, también son un factor que puede impactar negati-

---

2. Traducido por 50Minutos.es

vamente el crecimiento económico de un país a largo plazo, por lo que la OCDE recomienda sobre todo redistribuir las riquezas recaudadas (impuestos) en forma de prestaciones.

EMPLEO Y COMPETENCIAS: UN DESAFÍO PARA EL MAÑANA...

La OCDE preconiza la igualdad entre hombres y mujeres, así como la igualdad de oportunidades —no solo en lo referente al acceso al empleo—. De hecho, también aconseja a los Gobiernos a invertir en educación y en formación (enseñanza gratuita, por ejemplo). Este aspecto es un vector de desarrollo económico y social.

Actualmente, unos 35 millones de jóvenes de entre 16 y 29 años y procedentes de los 34 países de la OCDE no tienen trabajo y no han realizado estudios ni formaciones. Según un informe de la OCDE publicado en 2015 bajo el título «Perspectivas de las competencias en la OCDE 2015. La juventud, las competencias y su empleo», los jóvenes de entre 16 y 29 años tienen el doble de posibilidades de encontrarse sin trabajo que los adultos que se hallan por encima de esta franja de edad. En este sentido, se hace un llamamiento a los Gobiernos para que ayuden a los jóvenes a encontrar empleo.

Los desafíos sociales señalados por la OCDE son importantes, y los países tienen que aportar una respuesta coherente y rápida. En efecto, la desigualdad económica entre los más ricos y los más pobres, así como la baja inserción de los inmigrantes en el mercado del empleo, no solo son problemas de tipo social sino que también son cuestiones sociales que, de no tenerse en cuenta y eliminarse en el presente, impactarán negativamente al crecimiento y al desarrollo general de los distintos países.

Parece que en las 22 zonas y regiones cubiertas por la OCDE:

- el 10 % de los recién diplomados tiene un bajo nivel de conocimientos en las asignaturas de letras;
- el 14 % tiene problemas en la rama de las matemáticas;
- el 40 % de los alumnos que han abandonado la escuela antes de acabar la enseñanza secundaria tienen bajas competencias tanto en matemáticas como en literatura;
- menos del 50 % de los alumnos que realizan un programa escolar profesional y menos del 40 % de aquellos fruto de la enseñanza general se benefician de una inmersión en el entorno profesional. Esta falta de comprensión del mundo del trabajo combinada con poca experiencia en el terreno supone un coste demasiado elevado para la empresa contratante.

Los obstáculos institucionales (impuestos, cotizaciones, etc.) también tienen un impacto en el desempleo entre los jóvenes, que a menudo viven en situación de precariedad con empleos temporales o de duración determinada.

EN RESUMEN

La OCDE:

- se crea en 1961 en un contexto de posguerra que favorece los intercambios comerciales como vector de desarrollo económico y de reconstrucción de Europa;
- cuenta con 34 países miembros y se compone de tres órganos —el Consejo, la Secretaría y el grupo que forman los Comités— que garantizan el correcto funcionamiento de la institución y que transmiten recomendaciones y otros análisis para ayudar a la implementación efectiva de nuevas políticas;
- tiene su Secretaría en París y cuenta con unos 2500 agentes;
- se financia gracias a las cotizaciones de sus miembros, cuya importancia depende proporcionalmente del tamaño del país;
- tiene como objetivo ayudar a los Gobiernos a implementar políticas que permitan la mejora económica y el bienestar de todos;
- colabora con los Gobiernos miembros pero también con los sindicatos, las universidades, las asociaciones y las instituciones internacionales (por ejemplo, el G20);
- evalúa cada país individualmente, pero deja que se evalúen entre ellos;
- considera que Bélgica va por el buen camino pero que aún debe esforzarse para mejorar a nivel de empleo y competitividad, de inserción socioprofesional de los migrantes y de igualdad en el mercado del empleo;
- debe enfrentarse a dos grandes desafíos en los próximos

años: el empleo y el desarrollo de competencias entre jóvenes y mujeres.

¡Tu opinión nos interesa!
¡Deja un comentario en la página web de tu librería en línea,
y comparte tus favoritos en las redes sociales!

PARA IR MÁS ALLÁ

FUENTES BIBLIOGRÁFICAS

- Brunel, Sylvie. 2007. "Qu'est-ce que la mondialisation?". *Sciences Humaines*. 14 de febrero. Consultado el 1 de marzo de 2017. http://www.scienceshumaines.com/qu-est-ce-que-la-mondialisation_fr_15307.html
- Clerq, Denis. 2005. "La mondialisation n'est pas coupable. Vertus et limites du libre-échange Paul R. Krugman". *Alternatives économiques*. Noviembre. Consultado el 25 de julio de 2015. http://www.alternatives-economiques.fr/la-mondialisation-n-est-pas-coupable--vertus-et-limites-du-libre-echange-paul-r--krugman_fr_art_222_25323.html
- Degans, Axelle. 2011. "Ces pays émergents qui font basculer le monde". *Sciences Humaines*. 30 de agosto. Consultado el 1 de marzo de 2017. http://www.sciences-humaines.com/ces-pays-emergents-qui-font-basculer-le-monde_fr_27711.html
- De Grandi, Michel. 2015. "Pour l'OCDE, les inégalités de revenus dans le monde sont à 'un point critique'". *Les Échos*. 22 de mayo. Consultado el 1 de marzo de 2017. http://www.lesechos.fr/journal20150522/lec1_monde/02182791614-pour-locde-les-inegalites-de-revenus-dans-le-monde-sont-a-un-point-critique-1121645.php
- France Diplomatie, "Qu'est-ce que le G20?", agosto de 2012. Consultado el 1 de marzo de 2017. http://www.diplomatie.gouv.fr/fr/politique-etrangere-de-la-france/diplomatie-economique-et-commerce-exterieur/peser-sur-le-cadre-de-regulation-europeen-et-interna-

tional-dans-le-sens-de-nos/faire-de-la-regulation-inter-
nationale-un-atout-pour-l-economie-francaise/article/
qu-est-ce-que-le-g20

- Grega, Pierre. 2012-2013. "Problèmes de gestion dans un contexte de développement". *Développement et Gestion Nord-Sud*. Bruselas: ICHEC.
- Mignon, Thomas. 2015. "Rapport de l'OCDE: la Belgique reçoit un bon bulletin, mais...". *RTBF*. 4 de febrero. Consultado el 1 de marzo de 2017. https://www.rtbf.be/info/economie/detail_rapport-de-l-ocde-la-belgique-recoit-un-bon-bulletin-mais?id=8898558
- OCDE. Consultado el 1 de marzo de 2017. http://www.oecd.org/
- OCDE. 2015. *Études économiques de l'OCDE. Belgique.* s. l.: Éditions OCDE. Febrero. Consultado el 1 de marzo de 2017. http://www.keepeek.com/Digital-Asset-Management/oecd/economics/etudes-economi-ques-de-l-ocde-belgique-2015_eco_surveys-bel-2015-fr#page12
- OCDE. 2015. *Les gouvernements doivent redoubler d'efforts pour traiter le problème du chômage chez les jeu-nes*. Mayo. s. l.: Éditions OCDE. Consultado el 1 de marzo de 2017. http://www.oecd.org/fr/education/les-gouver-nements-doivent-redoubler-defforts-pour-traiter-le-pro-bleme-du-chomage-des-jeunes.htm
- OCDE. 2015. *Rapport du secrétaire général aux ministres 2015*. s. l.: Éditions OCDE. Consultado el 1 de marzo de 2017. https://issuu.com/oecd.publishing/docs/012015102e/13?e=3055080/13238727
- OECD Stat, "Distribution des revenus et pauvreté". Consultado el 1 de marzo de 2017. http://stats.oecd.org/

Index.aspx?DataSetCode=IDD&Lang=fr

- Petercam, "Communiqué de presse. Classement de durabilité – OCDE". 17 de octubre de 2017. Bruselas: Petercam. Consultado el 1 de marzo de 2017. https://www.petercam.com/sites/default/files/news/files/2014_10_17_pr_sri_fr.pdf
- Universalis. s. f. "O.C.D.E. (Organisation de coopération et de développement économiques)". *Encyclopædia Universalis*. Consultado el 1 de marzo de 2017. http://www.universalis.fr/encyclopedie/organisation-de-coope-ration-et-de-developpement-economiques/
- Universidad de Quebec en Montreal. 2007. "Théorie du développement et du sous-développement". *UQAM*. Septiembre. Consultado el 1 de marzo de 2017. http://politique.uqam.ca/upload/files/automne2007/notes_des_cours/Pol-4131-20_Cours25SEPT07.pdf

FUENTES COMPLEMENTARIAS

- Krugman, Paul. 2000. *La mondialisation n'est pas coupable. Vertus et limites du libre-échange*. París: Éditions La Découverte.
- Mathieu, François. 2015. "L'OCDE épingle la Belgique: les voitures de société dans le viseur". *Le Soir*. 4 de febrero. Consultado el 1 de marzo de 2017. http://www.lesoir.be/776997/article/economie/2015-02-04/l-ocde-epin-gle-belgique-voitures-societe-dans-viseur